# Au bord des mots

# Orlane Gaumet

# Au bord des mots

*Recueil*

LE LYS BLEU
ÉDITIONS

ISBN : 979-10-422-2397-7

*À mes deux grands-mères,*
*Josette,*
*Qui est à l'origine de mes premiers écrits,*
*Et Josiane,*
*Qui aurait tant aimé avoir ce recueil entre les mains.*
*J'espère que de là-haut, vous serez fières*

## Texte 1

Et si ce soir, la fin était venue ?
Et si ce soir, était le dernier de mes battements de cœur ?
Et si ce soir, ma courte vie prenait fin ?
Et si ce soir, j'avais été rejoindre le ciel ?
Et si ce soir, était la dernière fois où j'avais pu penser à toi ?
Et si je n'avais jamais pu te dire tout ce que j'ai sur le cœur ?
Et si ce soir, ma fin était venue ?

Je me suis souvent posé ces questions versatiles, mais sans jamais y être confrontée de si près. Si ce soir, ma fin était venue, j'aurais béni le ciel de t'avoir mis sur ma route. Si ce soir, j'avais expiré pour la dernière fois, sache que j'avais ton prénom au bord des lèvres. Si ce soir, ma vie avait pris fin, elle aurait été courte et intense, en partie grâce à toi. Si ce soir, j'avais rejoint le royaume d'en haut, sache que je serais devenue ton ange gardien. Si ce soir, j'avais pensé à toi pour la dernière fois, sache que jamais, je ne t'aurais oublié. Si ce soir, j'avais perdu la chance de te dire tout ce que j'avais sur le cœur depuis si longtemps, sache que l'amour que j'ai pour toi mourrait avec moi. Si ce soir ma fin était venue, je t'aurais laissé un message des cieux pour te dire combien j'aurais aimé qu'on soit simplement amoureux pour l'éternité. Et, si ce soir ma vie ne prend pas fin, j'aimerais avoir assez de courage pour te dire ces quelques mots qui ont changé ma vie.

# Texte 2

— Je ne sais pas vraiment ce que je veux.
— Mensonge.
— Je t'assure, éclaire-moi, toi qui sembles connaître ma propre vérité !
— Je sais que tu veux l'amour, le vrai, celui qui te consume, qui te retourne le ventre. Tu veux de la tension et cette électricité qui parcoure chaque centimètre de ton corps.
Il avait sans le savoir mis le doigt sur mon plus grand souhait. Trouver cet amour si puissant qu'il pourrait arrêter de faire battre mon cœur. Ressentir cette sensation de douceur au contact d'une main se posant délicatement sur ma joue. Découvrir cette magie, ces effleurements qui te transportent dans un autre monde, un monde parallèle où l'amour déploie ses ailes. Me croire au beau milieu d'un conte de fées pour adulte. Ressentir l'étincelle, la tension grandissante. Me consumer à chaque fois que tes lèvres rencontrent les miennes comme lors de la première fois. Vivre notre éternité. S'aimer de la plus belle des façons. Toucher les étoiles ensemble. Et, s'aimer jusqu'à notre dernier souffle.

## Texte 3

Cela m'a pris quelques secondes. Quelques secondes pour être replongée quatre ans en arrière. Quelques secondes pour être de nouveau à tes côtés. Au rythme que ce bâton d'encens brûle, je me sens voyager, à travers le temps, à travers les souvenirs de tes mains caressant mes cheveux, mon dos, mes pommettes, de tes méditations et de ton amour refaisant surface. Cette odeur me met dans une transe incontrôlée, me replonge dans cette ancienne vie. Mes pensées vagabondent comme cette douce fumée à travers la pièce, faisant naître en moi une mélancolie que je ne soupçonnais même pas. Si je ferme les yeux, je jurerai entendre ta voix, sentir cette même odeur et ressentir ton souffle dans ma nuque. À croire que sur ce marché de bord de mer, cette odeur incandescente m'appelait pour me replonger le temps d'un instant dans des souvenirs heureux.

## Texte 4

La pleine conscience me frappe,
J'ai regardé longtemps cet arbre de Noël illuminé,
Cet instant de bonheur qui dérape,
Mon cœur qui se souvient que je t'ai aimé,
L'inconscience me torture,
Ton absence s'empare du vide musical,
Le souvenir de tes lèvres sonne ma désinvolture,
Et, l'ampleur de cette douleur presque chirurgicale,
La pleine conscience m'assaille,
Et cette larme dans mon œil coule,
Tes mots me reviennent en rafales,
J'aurais finalement aimé être soûle,
L'inconscience me rappelle,
Que l'Amour est une friponnerie inexplicable,
Ma faiblesse de minuit, c'est toi,
Je t'aime, et je rêve de te répéter toute une vie à quel point c'est réel.

## Texte 5

Regarde-moi
Dans les yeux
Dis-moi
Qu'est-ce que tu vois ?
Au fond de mes iris
Bleues
Mille reflets
De tristesse
Ou de lumière
Comme le soleil
À travers la vitre cassée
Et les fleurs fanées
Épineuses
Rouges
Délicieuses
Autrefois resplendissaient
Comme il fut un temps
Lointain
Perdu entre le ciel et la terre
Ma paupière et mon âme
Je crois que tu pourrais

Voir
Apercevoir
Entrevoir
Le noir
L'espoir perdu
Le piquant
De la nuit
L'amertume
De la vie
Au fond de mon œil
Se cache une larme
Insidieuse
Tombant sur cette tulipe
Les enfants veulent la ramasser
Emportant cette peine
Qui continue
De vivre
Jusqu'au dernier souffle
Balayant les bris de verre
Et les fleurs séchées
Je suis en cendres
Et, je me perds dans les méandres
De ce malheur
Aux couleurs d'or
Irriguant ma pupille
J'espère que tu le verras
Quand tu me regarderas.

## Texte 6

Je me souviens quand
La lumière crève les fenêtres
Que sa voix résonne
À travers les murs gris
À travers mes os
À travers la vie
Que le thé refroidit
Que mamie rit
Mon cœur se serre
Face à un souvenir
Doux
Envoûtant
Exaltant
Une vague qui martèle le sable
L'écume d'autrefois
Posé délicatement devant mes yeux
Et cette larme qui perle
Dévale
Dévoile
Cet amour si pur
Cet instant

Hors du temps
Hors de moi
Externalité
Sagacité du moment
D'un sentiment
Je me souviens quand
La confiture était restée sur la cuillère
Et, la douceur du goûter
Les papilles émerveillées
Sourire aux lèvres
Une main sur ma joue
Un bruit d'éternité
D'amour
Je me souviens quand
Tu étais là.

## Texte 7

Tu sais, j'ai peur du temps qui file. Le temps est quelque chose de merveilleux, mais insaisissable. Le temps peut faire de si belles choses, d'un jour à l'autre, c'est un univers de nouveaux possibles qui s'ouvre à l'être humain. Mais, le temps peut aussi faire beaucoup de mal. Tu sais, j'ai peur du temps qui file. Chaque jour qui passe, j'oublie la sensation de tes lèvres sur les miennes, c'était doux et intense, mais je crois que je suis en train de penser à celles d'un autre. J'oublie aussi les plus beaux mots que tu as prononcés, comme ils sonnaient merveilleusement bien à mon oreille. Petit à petit, l'amour s'efface et les sentiments s'érodent à la manière des plages du Finistère. Dois-je encore continuer ou me taire ? Je crois que je suis aussi terrifiée à l'idée de me réveiller un matin sans que ma première pensée soit pour toi. Et toi, est-ce que cela te terrifie que je t'oublie ? Et, si un jour, je t'oublie peut-être que c'était écrit finalement. Peut-être que c'est le cercle infini de la vie, les âmes vont et viennent et seules certaines restent.

# Texte 8

Si demain tu perdais la mémoire et que je devais te raconter notre histoire, je pense que je commencerais par t'écrire une lettre de ma propre main pour que tu te rappelles que les plus beaux poèmes que tu aies pu lire auparavant vienne de ma plume et que tu en étais la source d'inspiration. Si demain, tu perdais la mémoire, je commencerais par t'écrire que notre relation était spéciale, inégalable. Je te rappellerais notre coup de cœur dès le premier regard et cette sensation unique de s'être reconnu comme si nous nous connaissions dans une vie antérieure. Je te raconterai à quel point, je suis tombée sous ton charme dès les premiers regards, de ta façon de mettre en avant tes talents pour la manipulation des cartes. Je t'écrirai aussi que notre complicité était magique et qu'à chaque fois que tu plongeais dans mes yeux, je te laissais lire en moi comme dans un livre ouvert. Je te raconterai comment je suis tombée amoureuse de toi, d'abord d'un coup puis intensément. Je t'écrirai comment j'ai aimé sentir ta main caresser ma joue et combien je me suis sentie vivante quand tu m'as embrassé un soir de novembre. Je te dirais tout, dans les moindres détails, car tout est beau dans notre histoire, des rires aux larmes, des disputes aux moments de bonheur. Je te démontrerai que notre histoire est la plus belle que je n'ai jamais vécue. Je pense que je te remercierai aussi pour ses sentiments intenses, ses nuits d'insomnies et ta simple présence dans ma vie. Si je perds la mémoire demain, comment m'expliqueras-tu notre histoire ?

## Texte 9

Un jour, quelqu'un d'important m'a parlé du suicide d'amour, et j'ai d'abord, par réflexe de poétesse torturée, trouvé la formule d'une incroyable beauté. Puis, je me suis interrogée. Peut-être même qu'au fond de moi, j'ai senti mon cœur se retourner par le mystère entourant ces quelques mots. Suicide d'amour. Est-ce qu'un jour, on arrive au point de ne plus vouloir respirer parce que les sentiments sont si intenses qu'ils brûlent la gorge et remplacent les papillons ? Est-ce qu'aimer peut un jour nous conduire au linceul ? Tu sais plus j'y réfléchis et plus je comprends cette expression, suicide d'amour. Je crois que je me consume un peu plus à chaque mot susurré au coin de mon oreille. Je crois que je me consume un peu plus à chaque fois que je sens ta main glisser le long de ma nuque et que je m'imagine ta présence dans la nuit quand tu n'es pas là. Je crois que je me consume encore plus en rêvant de mon avenir avec toi et de tes caresses sur mon corps nu. Je crois que je me consume encore plus en me répétant que mon amour pour toi est insensé, intense et démesuré. Suicide d'amour pour une relation passionnée, sûrement la plus belle des épopées. Et même si je dois finir en cendres, elles porteront en elles le reflet d'une des plus belles âmes que la Terre est portée.

## Texte 10

Chaque mois d'avril
Je pense à toi
Chacun de ces jours
Porte en lui
Ton image
Décomposée en milliers
De prises de vue
Lorsque les oiseaux s'élancent
Que les brins d'herbe brillent
Et, les picotements du froid
Perlent sur mon corps
Je pense à toi
Je te revois distinctement
Je sens ta main posée
Dans le creux de mon dos
Puis sur ma joue
Je revis cette journée
Qui porte en elle
L'éternité
Que j'aurai aimé
Passer à t'embrasser

Rouler le temps
Jouer à cache-cache
Jusqu'à s'y perdre
S'amuser de notre tour de magie
Et finalement
Se rappeler
Que le mois d'avril
Ne sera jamais plus
Que le monde s'est arrêté de tourner
Et que les souvenirs
Arrivent en bribes
Créant des voies lactées
Des univers
À la croisée
De cette passion
Déraisonnable
Incontrôlable
Qui un jour d'avril
A vu le jour
Avant de disparaître
Dans les abysses
De mon inconscient
Alors
Chaque mois d'avril
Tu vois
Je pense à toi
Tu as fait disjoncter
Mon cerveau
Avec tes lèvres

## Texte 11

Elle était là. Lui aussi. Il était là. Un roman posé à sa gauche, ses grands yeux bleus virevoltants et ses émotions qui embaumaient la pièce. Je crois qu'elle pouvait se voir en lui comme dans un miroir. Il était pourtant si jeune. Et, elle, d'un si grand âge. L'on aurait pu croire au schéma traditionnel de la famille heureuse, la grand-mère épanouie et le petit-fils malicieux. Elle avait plongé au plus profond de ses états d'âme en lisant ces quelques mots lancés pêle-mêle dans son dernier roman. Il en parlait avec clarté, c'était puissant, inspirant. C'est comme si elle avait lu le récit de sa propre vie, que ses sentiments les plus profonds avaient été décortiqués par ce jeune homme à moustache, prêchant l'histoire de sa propre vie. C'est si beau d'assister à une telle symbiose entre deux êtres, entre des sentiments si distants, mais si proches à la fois. Elle se disait sûrement qu'il avait un talent incroyable digne des plus grands romanciers du siècle dernier. Et, lui, se disait sûrement qu'il avait réussi à faire ce que tout écrivain rêve de faire, exprimer avec des mots ce que le monde enfouit au plus profond de son être.

## Texte 12

Aujourd'hui, j'ai écrit au ciel,
Pour qu'il me ramène dans des contrées plus belles,
La douleur est devenue insupportable,
Vivre insoutenable,

Aujourd'hui, j'ai écrit aux étoiles,
Que je souhaitais disparaître au milieu de l'univers,
Ma peine encore une fois se dévoile,
Et, je m'imagine expirer par ce délicieux manque d'air,

Aujourd'hui, j'ai écrit à la Lune,
Pour qu'elle éclaire mes êtres chers,
Je prie pour qu'il n'y ait pas de rancune,
Pour la fin de cette ère,

Aujourd'hui, j'ai écrit au ciel,
Une lettre remplie de mélancolie,
Et de tristesse pour l'essentiel,
Pour mettre en lumière la fin de cette vie...

## Texte 13

Je t'aime en silence. Et, je pense que c'est mieux ainsi. Je t'écris mes plus belles rimes en silence. Et, je pense que c'est mieux ainsi. Aimer en silence, sûrement la plus belle des manières d'engager son âme pour un amour si intense qu'il consume les cœurs les plus robustes et silencieux. Écrire en silence, la mémoire d'un instant transforme la plume en arme de la passion silencieuse. Je t'aime en silence lorsque la neige tombe, et que j'imagine tes mains gelées sur ma joue instantanément réchauffée. J'écris en silence lorsque le temps est assassin et que les souvenirs brillent. Je t'aime en silence avec mes yeux. Je t'aime en silence avec mes mots. Je t'aime en silence, car c'est sûrement plus simple que de te hurler que je t'aime plus que tu ne puisses l'imaginer.

## Texte 14

Renversée par la vie,
Et, ressentir le vide,
Comme près d'une falaise,
Sentir la houle s'engouffrer en moi,
Et, ton souffle sur ma nuque,
Guérie par les gestes,
Corps fêlé d'un jour,
Ébréché jusqu'aux artères palpitantes,
Fracasser par la passion,
Soigné au rythme de tes mains,
Longeant mon dos,
Et, les épaules relâchées,
Les sens en éveil,
Et, les émotions se délitaient sur les draps,
Et, cette douceur provocante,
Qui te caractérisait tant,
Comme ce pot de confiture,
Ouvert sur la table,
Avec le goût sucré de la tentation,
Formant un halo de désir,
Brûlant ma peau,

Un parfum d'amour et d'encens,
Enivreraient les plus sceptiques,
Et, raviraient les fleurs bleues,
C'est si beau,
Les amoureux,
Espérons ne pas finir,
Comme les fleurs séchées du vase du salon,
Recroquevillées par l'amertume des sentiments,
Portant le poids des années,
Et, la poussière d'une éternité à tes côtés…

## Texte 15

Miroir de l'âme,
Miroir de la vie,
Miroir d'elle,
Oh miroir,
Comme la formule consacrée,
Qu'on essaye d'oublier,
Mots insolents,
Larmes au coin des yeux,
Clapotis d'émotions,
Et les traces de doigts,
Poisseuses,
Comme on les a toujours connues,
Suppriment un défaut,
Et les cris étouffés,
De cette femme muette,
Face à ce corps et ce cœur,
Mystifiés,
Délabrés,
Déformés,
Discrédités par la société,
Allégorie de la parole intérieure,

Loupe épaississante,
Gorge nouée,
Symphonie sensorielle,
Révélateur de détails,
D'entailles,
Brisé,
De failles,
Aiguisé,
Lustré,
Nettoyé,
Moment de vérité,
Oh miroir,
Dis-lui si c'est elle la plus belle ?

## Texte 16

Je n'aime pas les fins,
Les livres finis,
Les instants qui passent,
Les vacances qui nous échappent,
Je n'aime pas les fins,
Toujours le même refrain,
Et, ce goût amer,
De la vie qui file,
Entre nos mains,
Je n'aime pas les fins,
Cette sensation de vertige,
Cette dégringolade d'adrénaline,
Cette décharge électrique,
Provocant un vide,
Un manque,
La fin de quelque chose,
C'est glaçant,
Tout n'est plus que souvenir,
Le temps présent n'est qu'illusion,
Alors comme les enfants,
Je n'aime pas les fins,

Les au revoir,
Le générique des dessins animés,
Les êtres chers qui ne reviendront que dans quelques mois,
Je n’aime pas les fins.

## Texte 17

J'ai toujours été émerveillée,
En transe,
Face aux mouvements,
De l'âme,
Et,
C'est fou,
Comme les émotions,
Comme les sentiments,
Peuvent,
Revenir en éclats,
De verre,
Lancinant le cœur,
Brillant sous la pleine lune,
Pleine conscience,
Ou inconscience,
La main sur la poitrine,
Inspirer,
Se remémorer,
Ce qui, en un instant,
Nous avait fait vibrer,
La foule en liesse,

L'oiseau chantonnant sur le bord de la fenêtre,
Les amoureux au bord de l'eau,
La petite fille avec les cheveux au vent,
Mamie te tenant la main,
Sa dernière étreinte désespérée,
Ce « je t'aime » qui aurait dû perler,
Expirer,
Sentir son cœur raisonner,
À travers ses os,
Onde de choc,
Secousse à travers tout le corps,
Apprivoiser la vie,
Ses souvenirs,
Sa dureté,
Ses épines,
Sa beauté,
Mains moites,
Regard embué,
Chérir pour toujours,
Ces fragments de vie étouffés…

## Texte 18

Dans la torpeur,
Du soir,
Embrigadée dans mes songes,
L'odeur de la bougie à la vanille,
Adoucissant mes souvenirs,
Je me souviens,
Que je ne t'ai pas pardonné,
Les éclats de rire,
Les mots balancés en l'air,
Tes sourires en coin,
Les mots écrits à la va-vite,
Tournés à la Balzac,
Et ces biscuits posés près de moi,
Ces étreintes piquantes,
Tu savais,
Comment te jouer de moi,
Des mois perfides,
À penser à toi dans la douceur du jour,
Dans la chaleur de la nuit,
Des heures,
À tenter de maîtriser la tempête,
Les rafales de sentiments,
Finalement,
Tu auras réussi à me déraciner…

## Texte 19

J'ai médité,
Avec mon café,
Et l'air était frais,
Le soleil à mille lieues du zénith,
Les pensées transperçantes,
Et les émotions,
Transcendantes,
Lumineuses,
Aussi glaçantes,
Que les glaçons de ma boisson,
Pour rafraîchir ce début d'été,
M'ont transporté,
Loin dans le sillage,
De ces dernières années,
Le cœur palpitant,
Les images défilantes,
Des rires,
Aux pleurs,
Ma mémoire s'emballe,
Bourdonnement,
Bruits de pas sur le marbre,

Et les âmes qui défilent,
Vers le savoir qui leur tend la main,
Une vie en construction,
Ébullition d'un haut lieu,
Érudition des autres,
Quel spectacle,
Enivrant,
Joué comme au théâtre,
Les murs croulent,
Et la connaissance inonde les esprits,
Hymne à l'université,
Et sa beauté,
Qu'il faut bien finir par saluer…

## Texte 20

Tu sais,
Depuis quelques jours,
Je pourrais pleurer,
Pour tout,
Comme pour un rien,
Je pourrais m'époumoner,
Aller jusqu'à sentir mes dernières forces,
S'évaporer,
S'évader de mes yeux,
Je pourrais pleurer,
Pour le soleil qui s'éloigne dans le rétro,
Ton étreinte désespérée,
Pour l'enfant qui s'épuise à l'école,
Et, mes émotions qui s'assombrissent,
Ces cœurs qui se brisent,
Cette vie qui arrive au bout du chemin,
Je pourrais m'époumoner,
De cette tristesse beaucoup trop présente,
Des jours qui raccourcissent,
De l'automne qui pointe le bout de son nez,
De l'hiver qui ne sera plus jamais pareil,

Du ciel qui devient gris,
De ces rires forcés,
Tu sais, j'aimerais pleurer pour un rien,
Mais,
Je pourrais y passer des nuits complètes,
À coucher mes états d'âme sur le papier,
Noircir les pages blanches,
À l'encre de mes douleurs de minuit,
Ou de toute une vie…

## Texte 21

Les somptueuses feuilles aux couleurs d'automne s'envolent,
Au gré de la douceur de ces fabuleuses paroles,
Les cheveux qui volent en accord avec le vent,
Je suis confrontée à cette réalité béante,

Le cycle de la vie ne fait que de recommencer,
Automne, hiver, printemps, été,
Les saisons balayent les jours, les mois, les années,
Sans jamais s'arrêter,

Les yeux rivés vers le ciel,
Cet instant perdu dans le temps est essentiel,
Des moments vermeils d'évasions,
Peuplés de beaucoup d'émotions,

Il s'agit simplement d'avoir une envie,
Un simple besoin de profiter de la vie,
Tandis que mon esprit quitte doucement la Terre,
Pour que seul le bonheur reflète…

## Texte 22

Je pense à toi souvent. Le matin, parfois, quand j'imagine ce que serait ma vie si je me réveillais tous les jours au creux de tes bras. Le soir, aussi, quand je repense à l'unique baiser qui, un jour de mars, nous a unit. Alors, oui, je pense à toi, je l'avoue. J'aime penser à toi, j'aime imaginer ma vie avec toi. En fait, je crois que je t'aime. Toi. Et, tout ce que tu représentes ou représenterais si on avait choisi une voie différente. Toi et moi. Je m'imagine tant de choses dans ma tête, je repense à des bribes de phrases lancées dans l'univers et crois-moi, j'en fais des merveilles. Je crois que je suffoque. J'écris la scène dans ma tête, je vois tes lèvres s'approcher des miennes. J'entends ton souffle et les battements étouffés de mon coeur. Je faiblis quand je pense à tout ce que tu pourrais me faire ressentir dans le noir. Tes doigts effleurant doucement mes seins. Et, mes baisers recouvrant ton corps. Tu vois, je pense à toi.

## Texte 23

Je pleure quand je vois la pluie couler le long de la vitre et que mon cœur se sert. Je pleure quand je me dis que ça vaut ce que ça vaut. Je pleure quand je n'ose pas te regarder à cause de ma peine. Je pleure quand je monte dans une montagne russe qui vire de haut en bas. Je pleure quand le soleil brille, mais que les nuages viennent le ternir. Je pleure quand je rêve de hurler au monde la subtilité de mes états d'âme. Je pleure quand j'avais besoin de me confier, mais qu'aucun son ne passe mes lèvres. Je pleure quand le miroir se brise, quand la brise balaye le monde et quand je ne reconnais pas les mains qui m'enlacent.[1]

[1] Texte écrit à la suite d'un atelier d'écriture animé par Morgane Ortin.

## Texte 24

À l’ombre des chênes,
Assise sur un banc en bois,
Émerveillée par des souvenirs qui se déchaînent,
Les pensées de cette vieille dame ont ses lois,
Elle se remémore la vie qu’elle menait,
La musique qu’elle écoutait,
Les danses d’époque qu’elle pratiquait,
Et l’ambiance du village où elle vivait,
Les images de son mari réapparaissent,
Elle se revoit sortir de l’église à son bras,
Des flots de souvenirs la plonge dans une ivresse,
Qui lui rappelle que c’est l’amour de sa vie qu’elle épousa,
Elle se remémore la vie qu’elle menait,
La musique qu’elle écoutait,
Les danses d’époque qu’elle pratiquait,
Et, l’ambiance du village où elle vivait,
Les cloches retentissent comme des années en arrière,
Une larme de bonheur coule le long de sa joue,
Il y a quelques mois, la vie les sépara,
Elle vécut avec le plus merveilleux des époux,
Elle se remémore la vie qu’elle menait,

La musique qu'elle écoutait,
Les danses d'époque qu'elle pratiquait,
Et, l'ambiance du village où elle vivait,
Cette femme eut une belle vie,
Avec son mari et ses trois enfants,
Jamais son cœur ne fut meurtri,
Elle arbore un passé flambant,
Elle se remémore la vie qu'elle menait,
La musique qu'elle écoutait,
Les danses d'époque qu'elle pratiquait,
Et, l'ambiance du village où elle vivait…

## Texte 25

Je suis désorientée,
J'ai la tête pleine,
De ton image,
J'ai la respiration saccadée,
J'ai les oreilles emplies,
De ta voix,
Je me sens défaillir,
Je me sens partir,
Je me sens vide,
Je me sens,
Je,
Pense à,
Tout ce que tu ne verras pas,
Ne ressentiras pas,
Ne vivras pas,
Je pense à toi,
Ma tête essaye de contrôler,
Ce flot de tristesse,
Éplorée,
Abasourdie,
Figée dans la peine,

Mon corps transpire de larmes,
Mes yeux brûlent,
Ma voix se délite,
Et,
J'espère,
Que ton souvenir,
Sera plus fort,
Que le temps,
Que les changements de saisons,
Que la poussière qui s'accumule,
Que les chrysanthèmes d'hier,
Que ma mémoire défaillante,
Je me sens désorientée,
J'ai la respiration saccadée,
Je me sens défaillir,
Je me sens partir,
Je me sens vide,
Je me sens,
Je,
Je ne t'oublierai jamais…

# Texte 26

Dis-moi Charlie,
Pourquoi restes-tu assis devant ce tableau ?
Je peux voir tes yeux briller d'où je suis,
Dis-moi Charlie,
Que ressens-tu en scrutant cette œuvre d'art ?
Je sens des sentiments bruts émaner de tout ton corps,
Dis-moi Charlie,
À quoi penses-tu de si fort pour en trembler ?
J'ai la sensation que les battements de ton cœur transpercent ta poitrine,
Dis-moi Charlie,
Quels souvenirs remontent de ton subconscient ?
Je jurerais voir une larme le long de ta joue,
Tu sais Charlie,
J'essaye de comprendre ce qui se trame dans tes entrailles,
Et, je comprends que cette peinture fait ressortir des émotions,
Dans certains cas, l'abstrait est plus fort que les mots,
Miroir de la réalité et de notre propre vie,
Je pense deviner ce qui t'arrive Charlie,
Ta mémoire transpose des souvenirs noirs sur ce tableau aux couleurs sombres,

Ton mal-être surpasse tout ce que l'on peut imaginer,
Mais, tu ne peux détourner les yeux de cette torture
exposée au mur,
Dis-moi Charlie,
Quelle est ton histoire ?

## Texte 27

Il est allongé là-haut depuis une éternité, le temps semble s'être paralysé depuis qu'il gît au sommet de cette falaise. Sous ses pieds, plusieurs mètres plus bas, les vagues déferlent sur le rivage et s'écrasent sur les rochers dans un tel fracas qu'il sent son cœur résonner dans sa poitrine. La hauteur, le vent, le bruit, lui procurent un tel vertige qu'il abandonne sa peine. Il se sent libre et coupé du monde qui l'entoure, l'oppresse, le torture, le hante. Cette falaise, c'est son échappatoire, son refuge où il se concentre sur rien d'autre que sur les éléments. Animé par une volonté désespérée d'exister, il se lève et plonge son regard dans l'horizon bleu azur où ciel et terre se confondent. Il avance vers le bord pour ressentir le grand frisson, celui qui prend à la gorge. Vertige, cœur qui s'accélère, mains tremblantes et esprit cadenassé ne font plus qu'un pour lui offrir l'adrénaline dont il avait besoin pour se sentir vivant.

# Texte 28

C'est au milieu de ces paysages fabuleux, entourée de l'esprit des plus grands génies des siècles d'avant, Rabelais, Léonard de Vinci ou encore Balzac, que tout semble prendre une autre dimension. À l'ombre d'un château datant du Moyen Âge ou de la Renaissance, d'un arbre centenaire ou d'une rue pavée, foulée à l'époque par les carrosses des nobles et des humbles gens, que ma vie paraît se figer le temps d'un instant. Et, mon cœur s'apaiser. Il arrive un moment où se retrouver loin de tout ce qui nous touche est parfois le meilleur moyen de se reposer émotionnellement. De temps en temps, il suffit de prendre de la distance avec tout ce qui nous a blessés et qui nous blesse encore pour tenter de voir le bout du tunnel. Aujourd'hui, plus que jamais, je prends conscience que l'amour et les battements du cœur ne s'expliquent pas, mais se ressentent, sentiments incontrôlables et situations souvent invivables. C'est entouré de cette histoire de France, des figures de style de Balzac et du génie de Léonard de Vinci que je comprends que ces sentiments et cet amour sont une richesse inespérée pour filer la métaphore et pour se construire, car un rien ne forge l'être humain.

## Texte 29

Éphémère, tu prends, tu jettes, tu aimes, tu détestes. Existence à mile à l'heure, pas le temps de s'attarder sur ses sentiments, vivre de facilité et de poudre d'or pour illuminer cette vie sans lendemain. Culture de l'éphémère à rendre les humanistes déments et à faire espérer les cœurs des amants.

## Texte 30

Se sentir vivant, combien de fois, j'ai pu entendre cette phrase toute faite sans jamais vraiment la comprendre. Depuis quelques mois, j'intériorise cette injonction faite au monde des vivants. Je me sens vivante quand son regard se pose sur les courbes de mon corps aux mille reflets de lumière et d'or. Je me sens vivante quand le soleil caresse mon visage au réveil et qu'il me rappelle combien la vie est exceptionnelle. Je me sens vivante quand le rire des personnes que j'aime m'émerveille tel un somptueux poème. Je me sens vivante quand je ressens de la peine et qu'elle me transforme en reine. Vivre, ressentir, apprécier, aimer, et se laisser bercer au gré des jours, des mois et des années qui ne cessent de passer.

## Texte 31

J'en peux plus de ces insomnies, de ces secondes aussi longues que des minutes à m'imaginer réécrire tant de chapitres de ma vie. Je me demande pourquoi la souffrance est-elle si importante pour façonner les êtres ? Sûrement pour les plonger dans une dépendance à l'envie perpétuelle de vivre heureux sur cette terre. Je me demande pourquoi c'est quand on a la tête sous l'eau, plongé dans les abysses les plus sombres de l'océan que soudain tout devient clair ? Parce que ça fait peur de se confronter à soi-même, ses peurs, ses regrets, ses rêves et comprendre qu'on en est plus loin que cela a l'air. Je me demande pourquoi aimer est si compliqué ? Parce que l'amour, ça fait tourner la tête, réduit la raison à l'inerte et finit par te consumer. Je me demande pourquoi la vie est si dure par moment ? Mais, c'est de notoriété publique que la vie ne met sur ton chemin que des épreuves dignes du roman de ta vie que tu es en train d'écrire. Les épreuves s'enchaînent, les amours se fanent, les réussites se multiplient et les histoires rayonnent de ton éternité.

## Texte 32

Note pour plus tard, pour l'être que tu seras dans seulement quelques mois. Le temps n'est qu'une vision obscurcie de la vie, à chaque mouvement de la trotteuse, c'est le sablier qui se remplit. À toi de choisir entre le néant, l'espoir ou du vent. La mélancolie est le carburant des meilleurs écrivains, alors accueille-la et écris tes plus belles rimes jusqu'à ce que tu n'en aies plus l'envie ou l'énergie. Si la douleur forge les cœurs, rappelle-toi à chaque instant de ce que tu as traversé et marche la tête haute avec honneur. N'aie pas peur de toutes les questions qui virevoltent dans ta tête, elles sont le signe que plus de choses que tu ne le crois ont de l'importance à tes yeux. Ne sois pas extrême avec toi-même. Il y a toujours quelqu'un auprès de toi vers qui tu pourras te tourner puisqu'avec le temps, tu as su t'entourer des plus belles âmes que l'univers peut offrir. N'oublie jamais que l'amour et l'amitié, vont de pair et l'un ne pourrait pas exister sans l'autre. Essaye d'avoir confiance en la vie. Je sais que cela peut paraître bateau étant donné le nombre de fois où tu as failli chavirer, mais crois que la vie a un plan pour toi, peu importe ce que tu entreprendras. Note pour plus tard ou pour une éternité.

## Texte 33

Je crois que je ne l'ai jamais vue aussi souriante que ce soir de juillet, allongée sur le sable fin d'une plage lointaine. À croire que son esprit s'était enfin apaisé au contact du sable chaud et de l'écume caressant ses jambes. Elle était éclatante, aussi rayonnante qu'une étoile filante traversant le ciel. Elle avait ce regard perçant qui pouvait envoûter plus d'un être humain. Elle était un spectacle à elle seule, dansant sur une musique douce, se roulant dans le sable, juste époustouflante, à couper le souffle. Elle rayonnait d'une histoire qui l'avait fait pâlir auparavant, elle semblait avoir déplacé des montagnes de ses frêles épaules. Envoûtée par les traits de cette merveilleuse créature descendue des étoiles, je compris qu'elle s'apparentait réellement à une étoile filante, aussi majestueuse que mystérieuse, fuyante autant qu'enivrante.

# Texte 34

Je suis dans un état de transe, je sens mon esprit quitter mon corps à l'entente de mots imperceptibles que tu as prononcés, alors que mon cœur aurait aimé souffler au tien deux petits mots si simples, mais si forts. Je sens des picotements me parcourir, mon souffle se raréfier, je crois que je vais étouffer. Il y a tant de choses que j'aimerais encore te dire, mais qui sont si difficiles à prononcer. Je sens mon cœur s'emballer dans ma poitrine, je jurerai être en tachycardie tant ce que tu me fais ressentir est intense. Mes sentiments pour toi sont si indescriptibles que toutes les plus belles tournures de phrases ne seraient pas assez explicites. Je commence à en avoir peur. Je sens des larmes, chaudes et corrosives, dévaler mon visage, tu rends tout plus intense, plus difficile, mais si inégalable. Je pourrais me détruire de mon amour pour toi. Tu es le cyanure des poètes, tu empoissonnes chaque phrase que je couche sur le papier. Si t'aimer me conduit à ma perte, je mourrai d'amour à la manière des héros de tragédie.

## Texte 35

Je me perds dans les tréfonds de mon âme souillée,
Honteuse, d'être échouée sur les bords de votre cœur,
Quelle funeste tragédie, l'amour est danger,
Bien que ma raison fut dévouée à la peur,

Ma douleur résonne dans les abîmes de Venise,
Fil de cristal, sur lequel on surprend ma peine,
Tous mes pleurs, je vois mes espoirs qui s'éternisent,
Loin de cet homme, solitude éternelle,

Dans la nuit, je contemple ce majestueux miroir,
Dans un sublime reflet de grâce et d'ivoire,
Ton souvenir martyrisait ma douce mémoire,

Dans ma folie déraisonnable et passionnée,
Tout mon amour à ton égard incontrôlé,
Dans les abîmes de Venise a alors raisonné…

## Remerciements

La publication de ce recueil de poésie est un véritable rêve éveillé pour moi. Je tiens donc à remercier les Éditions du Lys Bleu pour leur confiance et leur enthousiasme par rapport à mon projet. Particulièrement Benoit Couzi qui a été le premier à me proposer un contrat et à démontrer un intérêt pour ma poésie. Également, mes différents interlocuteurs privilégiés dont Lothaire Migrenne, Russell et Romuald qui ont eu à coeur de m'aider tout au long de cette fabuleuse aventure et de répondre à toutes mes interrogations.

Je tiens aussi à remercier ma famille qui a toujours été d'un soutien sans faille et qui m'a encouragé à publier mes écrits. Merci à l'ensemble de ma famille proche qui m'a fait des retours sur mes textes et qui m'a soutenu tout au long du processus de publication. Je remercie donc ma mère Cécile, mon père Fabrice, ma petite soeur Kimline, ma tante Nanie, mes deux grands-père Michel et Gino et aussi ma famille de coeur, Corinne, Franck, Luke et Nolan.

Je veux également remercier mes amis les plus proches qui ont toujours cru en moi et loué mon talent pour le maniement des mots. Vous avez toujours été une force pour moi. Je remercie donc Erwann Mossot, Emma Michelet, Clément Fardeau, Louise Buot, Rebeca Del Amo et Louise Habert.

Également, une dédicace pour Corinne Rembert qui a été une oreille attentive et un soutien important à travers les années.

Enfin, une dédicace spéciale pour tous mes lecteurs qui ont plongé au coeur de ma poésie et de mon univers, j'espère que ce recueil vous aura touché au plus profond de votre être.

Imprimé en Allemagne
Achevé d'imprimer en février 2024
Dépôt légal : février 2024

Pour

Le Lys Bleu Éditions
40, rue du Louvre
75001 Paris

www.ingramcontent.com/pod-product-compliance
Lightning Source LLC
Chambersburg PA
CBHW062346010826
49168CB00024B/289
* 9 7 9 1 0 4 2 2 2 3 9 7 7 *